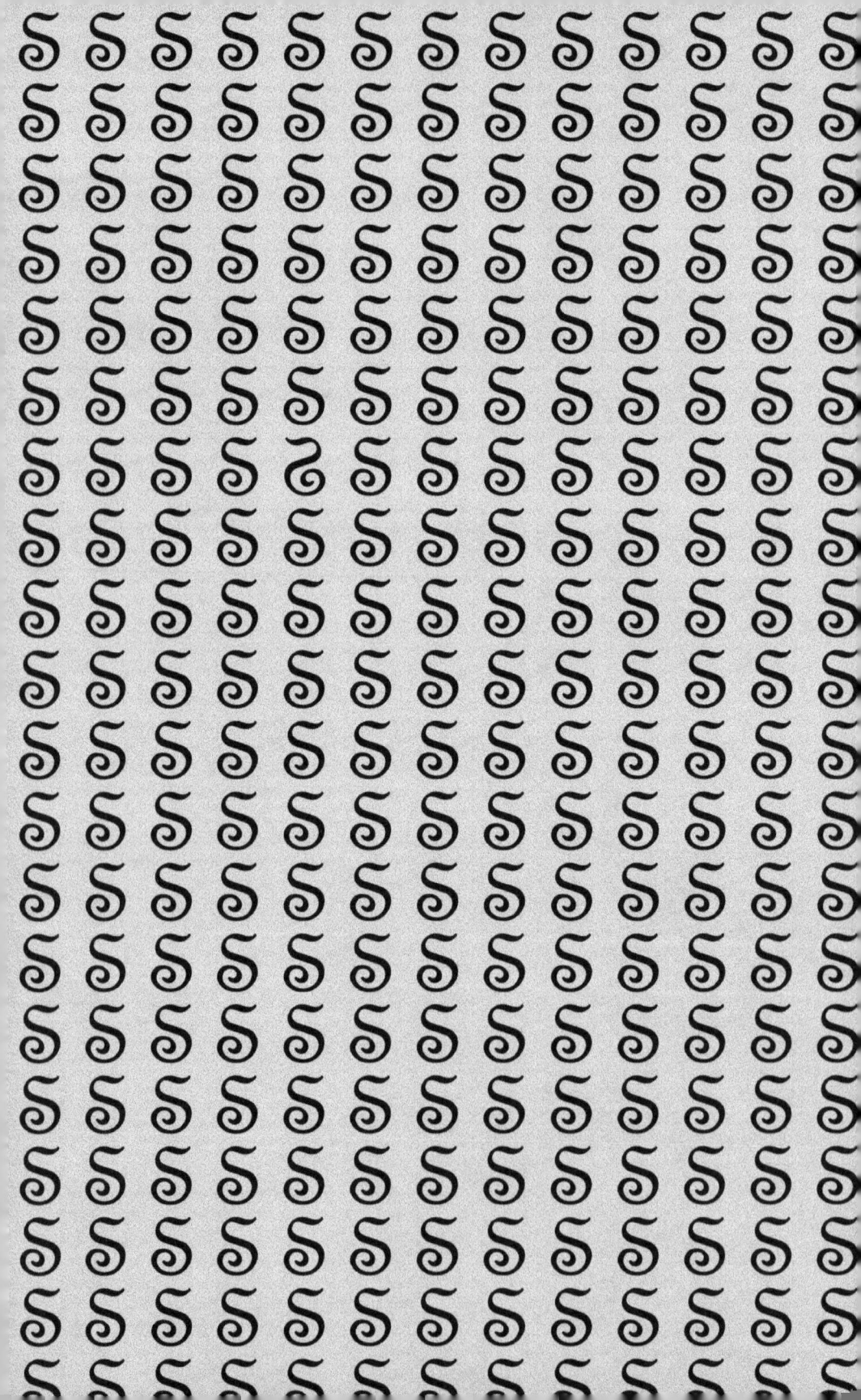

Un Pueblo fuera del Mapa

Un Pueblo fuera del Mapa

José Hogas

Poetisos al Sur del Mundo

Editorial Segismundo

S

© Editorial Segismundo SpA, 2013-2025

Un Pueblo Fuera del Mapa

José Hogas

Colección Poetisos al Sur del Mundo, 4

Segunda edición: Noviembre 2016 (corregida y aumentada)

Versión: 3.1

Copyright © 2013-2025 José Hogas

Contacto: Juan Carlos Barroux <jbarroux@segismundo.cl>

Edición de estilo: Juan Carlos Barroux Rojas

Diseño gráfico: Juan Carlos Barroux Rojas

Diseñador de la portada: Juan Carlos Barroux Rojas

Fotografía de la portada: Felipe Barrientos

Fotografía de la contraportada: José Hogas

Fotografías del interior: José Hogas

Registro Propiedad Intelectual N° 275.716

ISBN-13: 978-956-9544-46-0

Otras ediciones de

Un Pueblo fuera del Mapa:

Impreso en Chile
ISBN-13: 978-956-9544-67-5

Impreso bajo demanda - Tapa Dura
ISBN-13: 978-956-6029-99-1

Impreso bajo demanda - Tapa Blanda
ISBN-13: 978-956-9544-46-0

eBooks y Lectores Digitales
ISBN-13: 978-956-9544-48-4

Audiolibro
ISBN-13: 978-956-9544-68-2 (Retail)
ISBN-13: 978-956-9544-69-9 (Library)

En la colección *Poetisos al Sur del Mundo*:

Con un Wantán Atorado en el Alma
    – Alejandro López Palacios

De Tierra y Asfalto
    – Eduardo Alvarez Sánchez

Entre Poemas y Sábanas
    – Jaime Arenas Saavedra

Bicéfalo
    – Armando Rosselot C.

Ingrata República y otros Asesinatos
    – Patricio Fernández Muñoz

Bocabajo
    – André Meyer

La peor estación del mundo
    – José Hogas

Bitácora Ácrata
    – José Navarro

Hablemos de Ello
    – Jaime Arenas Saavedra

A los pueblos que luchan día a día por no
desaparecer, en especial al mío,

(Estación Yumbel).

A sus familias, a mis padres, a mis hermanos, a
Yissela

y otros amores que quedarán en este libro.

Prólogo

Punto y línea sobre el plano. Pueblo y línea férrea sobre el largo plano de Chile. Poemas de *"cuando el tren piteaba los últimos recuerdos"* en uno de esos sempiternos puntos aislados, pueblos, del Sur de Chile, atravesado por una línea férrea, fuerza que proyecta hacia la Capital, en línea recta, los sueños despiertos de cada día en "Un Pueblo fuera del Mapa".

El efecto subjetivo producido por una línea férrea depende de su orientación. *"Era el norte que los anunciaba"* a estos poemas de pueblerino perdido en el plano básico de la vida. *"Tengo en el horno un poema / Que se parece a casa"* nos cuenta el autor. Poemas silvestres donde "*Las semillas se miraban de un potrero a otro, / Consumadas en su verdad de espinos"*.

Este es un drama de líneas férreas entre dos puntos, acero que separa, delgada hoja de afeitar, amputando camas, escindiendo corazones; la ectomía de los sueños del fierro que forja uniones en la distancia.

Pueblerino fuera del plano, niño pobre y hombre rico, rico de tomarse el tiempo de envejecer, nos canta a la sonoridad del ángulo obtuso de su vida, pues;

Estoy lleno de alusiones como de estrofas.
La estaca de mi pueblo dividiendo,
La cama que parece cuchillas,

El autor sabrá llevarnos quién sabe por qué vías en estos poemas llenos de tierra, de lluvia, de Pueblo.

Juan Carlos Barroux R.
Al Sur del Mundo, 28 de noviembre 2016

Una canción de esperanza

Cuando la verdad empiece a sentir que estoy,

Entonces cerraré los ojos,

Y caminaré por los oscuros que me entorpecieron,

No escaparé, sólo es un ejercicio.

Allá afuera es muy distinto todo,

Puedes demorar una vida entera…

Se me ocurre que estoy tratando,

Se me ocurre que estoy sembrando.

Los vientos son tan inmóviles pegados a mi
\ computador,

Tal vez una sonrisa imaginaria,

O lo que demore en regresar al cielo.

Cuando la verdad empiece a hablar,

Entonces no comunicaré más. Me habré dormido.

José Hogas

Nunca supe cómo te llamabas

Yo te llamé poesía

Y lloramos juntos como un aguacero,

Y disparateamos

Y viajamos juntos a otros lugares

Luego te besé

Creyendo aún cerca la muerte

Y corrimos

Nos abalanzamos mundos hacia los ojos

Y sentí, toqué,

Oí las frases y gritos

De los versos sin versos

E invertebrados

Te abracé,

Llegué a llamarte mía

Cuando la tierra nos alimentó

De voces el alma.

Y avanzamos entre nubes la alegría,

La añoranza y la casualidad del canto,

Entre tanto y tanto,

El abandono.

Hice lenguaje del amor

Una palabra

Un credo despejado

Para los días

Para las noches también esquivas

Y los fantasmas

Y la fe,

El cuerpo que poco a poco diminuto

Empeño,

Las manos, el corazón o la frente,

Todo junto es poesía.

Necesidad

La tarde arde sin contraseñas hoy,

A mi lado un par de recuerdos decapitados

Como un tronco y mil lunas.

Como la delirante despedida fue parcial.

Yo entre algodones,

Y tú con el amor inagotable niña.

Tus ojos y los míos separados por primera vez

Por primera vez ajenos,

Forzosamente lejos. Porque te amo.

Y aterrizo trabajando,

Tratando de esconder mis lágrimas,

Tratando de ocultarte,

Aquí, en mi alma,

Aquí cerquita mío

Como dos palabras inquietas saliendo de mi boca,

Tú y yo,

Tú y yo distanciados,

Tú y yo alejados por necesidad y con ceros,

Tú y yo en un vuelo,

Ocultos.

Lejos en un sueño.

José Hogas

Desde mi consciencia al amor

No fuimos lo que dijeron en aquella almohada juntos,

No fuimos pero me acuerdo…

Y sabe a ti contemplada las tardes libres,

La memoria recostada y reposada

Mirando el sol en tu boca,

Los ojos y tu calma en perecedero esplendor,

Mi vida llena,

Como la primera copa,

La primera rosa,

La primera flor…

Recuerdo aún los sueños,

La casa, los años, tú y los nietos,

La luz de la mañana en cada paso.

O antes,

Tú y yo juntos despertando sin un día treinta,

Sin siquiera que amanezca,

Para siempre,

Tu y yo juntos en eternidad…

Muerdo el tiempo y resbalas.

Podría ser por cierto,

La calma mordida por un resbalón,

Como aquella tarde o días enteros

Sin un maldito marcapasos,

Que evoque entonces los segundos como vida,

Que evoque entonces la calma,

Distancias,

Amor.

José Hogas

Tierra

Dame tiempo, todo lo necesario para que parezca hoy,

Mañana quizás es muy tarde,

Puede que nos callen, puede que nos faciliten las cosas

Y sienta ganas de llorar…

"La humildad que esboza el pobre,

Es bondad que ladra el perro"

Creo que es hoy,

Creo que está amaneciendo y no es casual,

Dime que vivo,

Dime que existo y nos cobijamos bajo la noche

Junto al cerro…

Para ver callar las estrellas,

Para ver crecer los niños,

Para jugar con los nietos,

Para abrazarte.

Aguacero en el sur

Entonces cerré la puerta con candado

Y destapé de un golpe

La botella que hería

Como trapos

Las manos sangrantes de la vida,

La cara estúpida doliente a sal

De un humo que escurrió

La voz tentada por sarcasmos.

Más grande que ven

Estamos de fiesta,

Más grande que animal

En una bestia azul o verde disfrazado

De historias.

Ven,

Ven a mi camino y sácate la ropa,

Despertemos de una vez

En el patio que la mañana nos ha regalado

En voluntad de un exterminio.

Luces rojas del corazón,

Puñal de fuego y fuerza...

Está lloviendo en el sur

Y mi pueblo es una caja de fósforos

Que encendida eres tú,

Soy yo,

Con tu olor

Y tu dolor de fiestas.

El día que se reventaron las cañerías

INFORMATIVO.

Del portal de Aguas Andinas y Endesa

nos informan que las cañerías están rotas,

que es agua de todos y se reparte de forma natural por
\ la ranura,

casi al llegar a la esquina.

Que no se reparará más…

Que será un río para el invierno

donde chapotearán los pies los niños al verla.

Que habrá que esperar las aguas caídas

por las ofrendas entregadas al Dios y creer,

preguntar de forma permanente si el agua se va acabar.

Que no es una fiesta pero se puede tomar,

jugar,

hacer castillos de arena.

Que está permitido

nadar,

comer,

fumar,

y que se devolverán los impuestos

a cada persona que la consuma.

Porque el agua es de todos.

José Hogas

Cuerdo silencioso de dominio salvaje

Las almas en el intento más fraterno de una salida,

Miro tus labios,

Miro como se evaden de la mía causada por afectos,

Y es que no puedo ser otro más que intentarte

Por asalto bajo el tormento,

Bajo el cuerdo silencioso que me atas.

Ya no puedo ser otro más que tus claros limpios

De dominio salvaje,

Por supuesto que no puedo y me niego hasta el infinito

Recordar.

Que la niebla sabe a guerras,

Que las flores son tonteras,

Que no entiendo, que te tengo,

Que me voy…

Ya nada podría comenzar si es fantasma la verdad,

Aunque visites mil veces la muerte.

Sueño de un momento verdadero

Noto como se eriza mi piel

Y estas tú en el fondo,

Con todas esas miradas,

Con todos esos espejos.

Déjame entrar

No tengo ganas de esperar

Y seguir siendo el mismo.

Quiero soñar, quiero viajar,

Quiero volar…

Describirte en mi suspiro

Un abrazo,

No me harás falta.

Amaneceremos juntos en el fin.

Lluvia

Si yo pudiera nivelar lo que siento

Con la otra mitad que es mi vida entera,

Me pondría a llorar de alegrías

Como lo hace esta noche.

Vespertino

He ido más allá

Y esta borrachera durará hasta mañana.

Te miro

Todo está en silencio.

Se terminaron los empeños,

Las conversaciones.

Sólo pienso

Y sostengo en rosado tus pechos colgantes de un árbol,

La luz,

Las pulsaciones del viaje…

Vienes hacia mí

Preguntando por alguien que se parecía a mí

En esos años donde la puerta

Cerraba con fuerzas un domingo en el pueblo.

Pero el pueblo

Está también callado y duermen

Los almacenes.

La figura de un ángel duerme…

Todo está tan silencioso que el verano es historia,

Y al oído

Las manos silenciosas,

También duermen.

José Hogas

El arte no es enfermedad

Bajo los matorrales de un aire

O esperanzado,

El niño corrió sus globos,

Y echó a volar unas palomas blancas

Como gaviotas amigo ¡Pablo!

Sonrió con él la madre

Y un mimo que vio volar

Canciones y poesías lejos de casa.

Pido perdón a la violencia amiga de esta noche

Ya casi me equivoco;

Allá va mi pecado, concuerdo con él

Las ganas y su optimismo.

Estoy lleno de alusiones como de estrofas.

La estaca de mi pueblo dividiendo,

La cama que parece cuchillas,

Las normas y su perpetuo.

Tantas veces fue violenta sin saber porqué,

Ahora la miro,

Sé que todo está en silencio.

Debo marcharme…

Canción fecunda

No te había escrito antes

Porque inventar palabras desnudas

Es sólo para los amantes,

No para los que eligen vivir la vida y entonarte una
\ canción,

Un pedacito de canción o una melodía…

Yo sólo quiero tararear tu nombre

Vendado a tus ojos,

Pegado a tu cuerpo,

O debajo de un árbol.

Cantar contigo la más alta de las canciones

Y visitar a un amigo,

Convencerlo de que es lunes

Y como todos los lunes trabajar

Para sembrar en ella…

La tierra nos había escuchado antes

Pero a gritos.

Nos había escuchado tararear un himno de 1810

Cuando recién caía la noche en la subasta,

Y no pudieron entrar los que no tenían plata.

Pero a los milicos qué les iba a importar

Escucharte parir,

O darle pecho a los desaparecidos...

-Nunca te escucharon-

Y subsististe al canto de las golondrinas

-Nunca te escucharon-

Y permaneciste de pie cantando y tocando guitarra

-Nunca te escucharon-

Y la voz semántica de las piedras

Fecundó.

Obsesión

Tengo una obsesión por los lápices

Desde que nos convertimos

En pintores

Y tu boca pintó la mía.

El color de la mañana

A veces atravieso mí mismo, y no soy yo;

Hoy, por ejemplo,

Cuando los clásicos de la ausencia

Por más que parezcan diluidos,

Atados están.

¿Por qué?

No habré acaso yo entendido.

Hoy, por ejemplo,

Siento ganas de acercarte y alcanzar hasta lo prohibido,

Porque ya es un nombre.

Dos locos infértiles

Hemos intentado

Devolvernos,

Cuidarnos,

Amarnos,

Hacernos todo el daño…

Ella volvió al lugar,

Él volvió al lugar.

Hemos puesto el afán

Visual de algunas cosas

Que como memoria caían de su guitarra

Un día nublado

Donde los políticos pedían el voto.

Hemos sido niños

Cuando adultos parecíamos mayores

Y el perdón

Capaz de vencer el miedo

Injustificado o justificado a veces

Junto al piso

Tirado

Y tiritando de pulsar

Pedía prominencias

Al azar

A fin de reencontrarnos.

Ella, pidió un resorte,

Él, pidió una cama para caer junto a ella.

José Hogas

Tengo miedo de mí.
De los finales y comienzos.

¿Qué habré parecido cuando intenté los pasos para
\ devolverlos?

Finalmente es así como te invento

Para permitir una expresión que salga de los límites

Casi al llegar a casa. Justo antes de aquí.

Pienso como haciendo novedades fantasmas,

Al ver lo atento de una ilusión.

Viene silbando tan cerca de la muerte,

Que en ocasiones tiemblo.

Saco de las hadas cenizas de guerra,

Cuentos y polémicas.

Tengo miedo de mí,

De no saber a quienes he dirigido

Semejantes barbaridades,

Sin un tiento de qué agarrarse.

Luces de un poema

Y es tu voz la que me embriaga de matices

La esperma apuñalada,

Contra cerro y blanco como luna soñadora,

Como las alas en pleno vuelo

De un ave entumecida,

O qué sé yo.

Cualquier fin de semana que te intente,

Niña, loca, poesía.

Palabras, reacción y crecimiento

Quítame las palabras que hieren

Aun cuando soy niño,

Llévame contigo donde no entiendo,

Quítame las cosas simples,

El grito cotidiano del paco,

La sonrisa que le teme a un montón de hermanos.

Llévame contigo para lavar la sangre,

Grita fuerte que no entiendo.

¡Fuego de a dentro a rabias comprometido!

La hora de la salida me empuja para la prisa,

Ellos son. Cuenta con tus dedos de sombra

La hostilidad sin mando.

Quieren venir,

Su voz me ayuda.

Compañera

A lo mejor es verdad que no estás,

Que no has estado nunca,

Y el autor

Las últimas cartas del alma,

El compañero…

Han visto estos ojos una luz bretel

De lado a lado

Oscurecer y apagarse

Después del día,

En la piel

Y a toda prisa las campanas.

Has dejado caer a lo menos seis hombres,

Y nos tuvimos,

Y desaparecimos,

Y no es casual

Estar ausente.

Última traición

Soy quien quieres que sea por generación,

Por razones,

Por un manifiesto que recordaría

Mientras me abrace tu sensibilidad de piedra.

Tu corazón que hace mío el reflejo de tu amor,

Mis mil pasos equivocados.

Lo que no conozco,

Lo que clava por las noches

Sin más reposos de perdón.

"Se acabó la magia".

No pondré mis pasos ante tan desconsiderada
\ situación,

No correré sincero,

No basta luna llena sin razón.

Me oscurece la niebla,

Vuelve a casa mi dolor.

Siente el sabor de lo perdido que muero,

Interpreta con creces la traición.

Sana,

Cumple con tu promesa y no vuelvas.

Llévate lo mío que no es mío.

O al menos nunca más será.

Séptimo cielo

Ellos

Los que callaron largas horas el derivado

De una palabra,

Noches frías,

Cantos antagónicos de pájaros verbales,

Amor a quema ropas,

Palabras por palabras, chips, convencimiento.

Estaban aquí,

Casi a la hora exacta del reloj, estas palabras.

Estaba tu hijo y el mío buscando un abrigo,

Estaba la forma intacta de la plaza buscándonos,

Nuestros taciturnos corazones,

Palabras bonitas,

Conteo de miradas,

Teléfonos apagados,

Televisores apagados,

Ojos cerrados.

Estaban allí,

Ellos,

Contemplándonos.

Engrupido con cosas que parecen respirar

Es hora de nada;

Las páginas y el tiempo brillaban por su ausencia,

Largas caminatas,

El andén mojado y una pelota de trapos.

Una vez fui normal queriendo interpretar los sueños,

Dos pisos y medio de realidad efusiva.

Nadie sabía más que yo cómo terminaría,

Nadie contaba con esbozos apuñalados en alguna
\ esquina…

El litriado chorreaba enfermo de emociones pisando el
\ pasto.

Cómo no iba yo a saber

Que anunciaban mis pelusones sentidos alaracos.

"Según una encuesta".

Las casas clandestinas no detenían el avance ni con
\ higos,

Ni San Juan, ni prototipos del código andariego.

Allí es muy nulo el pillo para contarlo,

Sufre de ideas ofensivas que sólo permiten recapacitar

Atento...

Tirado lo encontré...

Fotografiaba muertos.

José Hogas

Cosita máh linda

¿La micro?

La micro he los pacos.

Nooo, estay loca,

yo ni siquiera he salido a comprar el pan.

¿Hambre?

Nooo.

Hambre no tengo, no quiero comer,

de verdad no quiero comer.

¿La otra?

Cual otra, no hay otra.

¿Pasá?

Cual pasá,

traté de pasar pero estaba cerrado

por duelo, existencialismo,

pensamientos lucrativos,

consciencia, moral,

padre, madre,

vecinos

amigos del Facebook.

¡Nooo, no me estoy riendo!

¿La contraseña?

Te la doy y tú me das la tuya

y ponemos una relación

y si te digo mi amor, mi cosita máh linda

le das me gusta, un corazón.

Nooo, perdóname tú a mí.

¿Condones?

Sí, tengo.

¿Cuál poema?

Sí, me acuerdo.

Me queda un cigarro solamente

pero lo fumamos…

Y la noche, las estrellas,

el amor,

los sueños,

los años,

cualquier vida,

en cualquier lugar

hasta que la muerte nos separe.

Efecto preservativo

La mujer que encarna las venas

Como un pasadizo de sedas rojas,

La tardanza y la consumación a líricos,

De un sistema que no deja, calla…

Se ríe descontrolada o a carcajadas,

En la prisa de un corazón enfermo.

Oh la sangre, Oh mi amada,

Todas las palabras juntos a la madrugada,

¿A dónde van?

José Hogas

Simultanea de ojos violentos

Quieren hablar mis sentidos de empeños, lejos, muy
\ lejos,

Donde acato con fuerzas un papel del recuerdo para
\ encontrarte.

Los secretos de la noche oscura saben bien a dónde
\ van,

Para permitir un claro que no es mío,

Es del ánimo de los ausentes…

Ventanita

Encuentras tiempo y lo despedazas,

Lo utilizas, lo banal,

Lo compartes para hacer de las horas poesías,

Lo regalas, te regalas, nos regalamos

en un común frondoso de poesía.

Vas de tiempo en tiempo

Descubriendo estas palabras, los ojos,

Y los ojos lejos de ser una aventura,

En el cuerpo, con la sal

y la frente,

En el corazón,

Oh, sí, el corazón,

Encontrarás.

Verás trascendentales veces,

Verás trascendentales compañías,

Y el amor,

Simplemente será el amor…

Ego

Y si te toco la piel con poesía

¿De seguro mientes?

O es la magia que graficas

Cuando todo está en silencio y puedo ser yo…

Cuánto sabes compartir

Sin que nadie se dé cuenta.

Duelo

No me llames poeta porque no lo soy

Yo no tengo sueños

Ni mujeres ni plata ni vicios

Ni vida comprometida socialmente con la vida

No tengo poemas universales

Ni canciones ni versos ni amor

Ni flores.

Muerte es lo único que tengo

Y apago irremediablemente en las fiestas.

No me gustan los versos

Odio la luz del día y su aroma precoz

Odio la noche y su luna, su cama.

Ni romántico, ni lárico, ni maldito, ni anti,

Ni metafísico,

No me llames poeta porque he partido.

Hoy vienen por mí las aves.

Maldita costumbre de disparar

La conforman unos pies descalzos

Que al caer la tarde

Viene por el arrabal.

Siempre con el mismo costumbrismo,

La figura de aciago,

Porfío,

Lejos de decir ¡qué bien!

Se traspapela,

Se inhibe,

Sonríe.

Ha llegado a llamar la atención

Algunas veces

Cuando pienso algún nombre.

Funa le llamo yo,

Regala cigarrillos.

A qué has venido

Frenéticamente absurda

Cuando todo lo que quiero

Está de luto.

¿A qué,

Con qué misterio falso,

Piensas proceder

A curar el dolor que nos amiga?

Las armas, las armas, las armas,

Esas que tú llamas ideas,

Han disparado contra mí.

Todas ellas

En la parte superior

De un pensamiento.

Silenciosa venida de cartel

Un perfecto con ojos de neón me mira insistente

Como si cachara que aún la deseo,

No hay gestos, no hay piel, no hay nada…

Ella entra por la ventana como de costumbre,

Toma mi bolso, toma mi mano

Y envuelve el sueño de ilusiones.

Siempre pregunta a esta misma hora

¿Qué es de los locos del verso?

Con tal intensidad la besé, que pensó en su bus,

Simuló un adiós mentiroso.

Habló y habló hasta que con voz de tiza dijo:

Creo reconocerte como quien toma un sencillo,

Creo ser tu ángel cuando borracho tomas tus contactos,

Cuando con voz silenciosa te atreves con otra mujer

Y duermes… Calla y no hables.

Está amaneciendo.

Loca

Si yo pudiera comportarme como un gnomo,

Entonces vigilaría tu sueño para que tú despiertes a mi
\ lado

Después del único beso antes de dormir.

Pero tú, corriente de aguaceros,

Siempre vigilas las palabras

Que antes de antes, son de amor.

¡Puedes en mí las ganas locas de volar!

Y tomas de mi mano,

Y de tu mano las manos abiertas

De la libertad.

Vas, voy, vamos,

Y en eso la risa de las prendas

Que caen en la miel,

Y en eso tus labios de besos, la sal.

Nuestro sudor, seguramente, las caras,

Nuestro amor, seguramente, la piel.

El sueño

Para alcanzar la luz,

Primero hay que pasar por depresiones,

Y saludar desde abajo

Al instrumento que lo mide todo

Con caricias y añadiduras del umbral externo.

Todo lo demás vendrá después,

Cuando los primeros destellos

Coqueteen en la mañana

Con los zapatos de quien lo persigue.

Sin perder de vista

La sensibilidad y/o hacer.

Para que comprendan los que jamás

Lo intentaron.

Secretos nocturnos

Todo el día caminando de un lado a otro,

Como encontrando el alarido esquivo de un portón.

Las semillas se miraban de un potrero a otro,

Consumadas en su verdad de espinos.

La noche que lo saca del bolsillo,

Al campesino su reloj de arena.

Un pensamiento de emociones clandestinas

Llenan los vasos que la recuerdan,

La invitan incluso

A cantar, a bailar,

A escapar por última vez

Donde nos obviaban los Dioses.

Los secretos del universo.

Verbalización de un fuego

Al tiempo que la vi entre los pasos,

Los hombres eran filas esperando el abril,

Las gotas de invierno, el insomnio mojado.

Los amantes se besan en lo inverso de una estación
\ unánime,

Veo el calor de las plantas sostener la respiración que
\ los aloca,

Las persianas fundidas, un televisor que aqueja los
\ ruidos.

Al tiempo que la vi entre los pasos,

La velocidad de ayer parecía correr sudorosa a un
\ quiebre,

O a alguna esquina, para quedarse con las manos
\ vacías

Cuando ataque la noche.

Comenzar de nuevo

Ningún asalto nos tomará por sorpresa nuevamente,

Ninguna lacra lacrimógena

Hará razón de su fuerza

Para engrandecer escudos patrios,

Ni por la razón, ni por la fuerza.

Los muros de combate se han caído

Y poetizando abraza gente muerta y descalza

Que combina la calle con emblemas.

Nunca más,

Nunca más,

Nunca más un carro policial cernido por el odio,

Nunca más un llanto,

Nunca más un niño…

Ahora,

Ahora somos y cantamos.

Contingencia de poder

Teatinas bajo las sombras de un ciruelo,

Calles patiperras como muchas otras,

Piedras en los bolsillos,

Silbidos…

Al sur de las emociones

Hay veinte mil encuentros sobre la tierra,

Quema el sol.

Se desprende una memoria en pulsaciones,

Tiro del brazo,

Patalea.

¡Castíguenme con la ley antiterrorista!

Para invitar a mis hermanos a cazar…

"Las lagartijas están con vida,"

No entienden de fe,

Los niños que vendrán mañana

Están en guerra…

La espera

Azulados todos los rincones

Crecían como monjas en la fe,

Cada paso encarnaba mi alma viviente,

Mi acorazado reflejo y sincero.

Mas el tiempo, tiempo entre tus manos.

Palpitaba más de lo normal en descanso

Mi corazón enfermo.

Todo estrictamente avanzando,

Todo con campanas y sirenas,

Todos. ¡Cómo avanzaban!

Y yo aquí con ganas, más que tus ganas,

Más que un par de alentadoras palabras

Estrelladas contra nada.

En fin,

Fue muy desgraciada.

Todos los signos son tal vez algún oficio

Taqueando;

Signos como una *vedette*

Que huye de casa,

Cual casa fuera infinitamente lejos

De la que es.

Uno a uno

Los símbolos del decreto a vivir,

Ven en ti los pasos

Del pájaro y su almohada,

El nido para los coros,

El sol para una mañana.

¡Todos los signos son tal vez algún oficio!

Hoy ando de recorrer la timidez

Que encarna el sueño,

Tapado con espinas,

Arropado con embargos,

Risas del veintiúnico ser

Que da de comer a las hormigas.

La razón no la sé,

Debo de continuar andando

Masticando el polvo entre mis pasos,

Acelerados, maltratados, continuados,

Aprendidos por ensayos.

José Hogas

Luces A.M. de otro pensamiento

Prohibido sentarse al café de la mañana,

No tocar el pan,

Correr, prisa, risas,

No a la de verdad,

Si no al evento corporal del andén

Titulado pestañas...

Llevaremos cisnes al trabajo que nos degollará

Para un almuerzo,

Llevaremos días y días sin incorporarnos al vagón.

¡Qué importa!

El comienzo es un falsete de cuerdas y románticos

Alumbrados por traidores,

¿La estación?

Universidad de Chile,

Pero del Chile mal pagado para virar en V,

O en U,

Como acostumbramos a vivir para nuestros hijos.

Ponencia de un niño pobre

Voy mirando hacia atrás lo que intenté

En un aguacero de la muerte sin retorno,

Las tinieblas donde me escondí,

Las causas, los abusos,

Las realidades que encubrieron el odio.

Voy soñando que encontrarte es mío,

Que nada podrá alejarte de la ausencia

Cuando llegue la noche,

Cuando vacío aprecies mis palabras,

Mis demonios,

Mi mal humor al despertarme.

Bienvenida,

Bienvenida al costo de los álbumes…

Debes posar allí tu tiempo al brillo de los prestamistas,

Riendo,

Habilitada e inconsciente,

Lejana,

Morena.

Debes actuar allí internamente,

Casi raro,

Fatal,

Nauseabundo de recuerdos,

Cuerdo.

Yo puse la música…

José Hogas

Lenguaje multicolor-es:

Escribir la escena musical de los que no tuvieron plata,
\ ni techo,

Ni agua saludable, ni luz, ni voz,

Ni fuerzas para trabajar, un pan de almuerzo,

Una ventana de nailon, poca luz,

Poquita destreza, poco desplazamiento,

Consciencia.

Un par de camisas percudías, pantalones cosidos,

No veo, no escucho, sufrir,

Frío, desamparo, desaliento,

Abandono…

Duele,

Pero no tanto cuando llueve

Y el agua de barbas estiladas

Toca la piel y besa.

Terremoto

Todos los nombres se irán de aquí a quién sabe dónde,

Todos los colores desaparecerán alguna vez,

Todos los rencores y las burlas desaparecerán.

Los mejores momentos,

Las ideas,

Los imposibles,

Todos los intentos desaparecerán.

Posibles,

Inmediatos,

Postpuestos.

Todos los intentos desaparecerán...

Yo sólo quiero estar aquí y no encontrarme con nadie

Cuando ocupen la luz de la alegría,

Para satisfacer razones moribundas.

Yo sólo sueño con transes y elementos

Que permitan mi regreso,

Mi regreso a las juntas vecinales de los barrios pobres

Donde corrí,

La lucha y la fuerza con amigos del sector popular...

Muchas razones para abrir las alas,

Pocos controles,

Vientos y maremotos...

José Hogas

Cintita malherida

Quítate de encima la poesía florida,

Ha llegado el invierno,

Los colores oscuros,

La novidencia.

El frío ha clavado muy hondo,

Y la distancia se da por concluida.

Esta es la fecha en que tú y yo

No soportamos el recuerdo

Que las une.

Mi voz está mojada, y

Siento caer de aquí

La resonancia ebria

De los portones,

Mi casa pobre frente al cerro,

La festividad del año,

La apariencia dormida.

Banderita sucia,

Cochina,

Mal usada,

Flamea al viento mi dolor,

La celebración de los 200 años.

José Hogas

Compulsivamente leyendo a Teillier

Abro la puerta

Y te asomas vestida de pueblo, entera,

Como la mañana donde un campesino nos dijo la hora

Y tuvimos que correr,

Para encontrarnos con los familiares

Que venían desde Santiago o de Rancagua.

Era el norte que los anunciaba,

Cuando el tren piteaba los últimos recuerdos

De las maquinarias, y el ferrocarril paraba.

A abrazarnos en el andén,

A caminar por los rieles de la línea,

A la fogata en la noche,

A cazar, a pescar, a los corales…

Casi lo entiendo

Pero a veces me cuesta pensar

Que esto ha pasado.

Tú ya no corres,

Y la puerta se cierra en mi cara.

Dos Mundos

Tengo tantos amigos muertos que ya ni sé

Si están todos en el cielo -No los cuerpos-

Los cuerpos avanzan desintegrándose o integrándose
\ más bien

A la tierra,

Como árboles de ramas gruesas

Como flor silvestre del campo

O simplemente tierra

Tierra en un castillo de arena en una playa

Tierra en el conflicto mapuche de la Araucanía.

Tierra

Kom zugu ta kimgekey tvfaci mapu mew.

Todo asunto se sabe en esta tierra.

Y traspasó la muralla

Y corrió por el pasillo hacia la calle.

José Hogas

Dos mujeres y un trapecista

Vuela por los aires un don de arte,

Un avión cargado de cervezas rubias,

Morenas, eucaliptas, sinceras…

Va a mirar la cima y se devuelve

Como quien un run-run de aire,

Un pensamiento al abismo,

Una poesía de rabias,

Un pobre corazón,

Una canción melancólica y la ayuda…

Mira el vaivén de sus fierros helados,

Toma del tri-cordel una danza en el vuelo, mi mano,

La vuelta a clases,

La pendiente,

Del corazón una balada,

Un conato fluorescente…

Dice llamarse libertad con las municipalidades,

Dice llamarse poemas con las personalidades

Y sus ropas.

Más este salto es para la vida,

Reparto por el trabajo que a los ojos de todos

Hace chinos,

Hace madres,

Hace nupcias en *rock and roll*,

Hace hermosas,

Hace hombres,

Hace tragos,

Hace yutas,

Hace puentes,

Hace mapuches,

Hace odas,

Hace líricos,

Hace lenguaje,

Hace clic,

Saluda y se despide.

Padre

Tengo en el horno un poema

Que se parece a casa. Fundamenta con

Metáforas, el anillo desnudo del mundo

Y su fantasía, que es más ombligo

Que cría, porque en rebeldía

Podría llamarte.

77 versos por año

uno que guardo y otro sin

Registro Civil para contarlo.

¡Te invoco!

Nómbrame de nuevo tu hijo,

Yo te nombro nuevamente mi padre.

José Hogas

Fiebre

Media noche con los bordes internos,

el silencio da vueltas hipnotizado,

estoy sucio,

destapo caníbales,

sapos de entre mis uñas,

ojos salados,

cuescos,

cuerpos,

huesos,

nadie me escucha quiero dormir,

atravesar el húmedo de una fiebre,

caer despierto y acompañado,

hacerme el lindo,

webiar a un amigo,

contestar, contestar, contestar.

Es muy posible que lo logre,

tal vez no exista nadie más,

estoy sudado.

José Hogas

Despertando con el amor de mi vida

Que escupiría las balas que apuntaron a la cabeza,

Que a la caza del sol,

Que a la luz del brillo póstumo frotante de las manos,

Que después del vaso,

Que espérate un poquito,

Que bueno, que malo, no sé…

Me trató como ladrón después de un beso fulminante

Me trató de idiota, de polígamo,

De incorrecto sucesivo de lágrimas y pulmón,

Me dijo sigue, para,

Bésame aquí que también me gusta.

Y enlodó sus alas,

Y corrió con voz desnuda por la habitación que
\ también le gusta

Tanto como dormir conmigo

Con los ángeles alevosos de una situación interna.

Soñó,

Abrió sus piernas mientras ardía la cama envuelta en
\ llamas,

Me dijo te amo,

Cállate tonto,

No existen malos entendidos.

José Hogas

A fin de desenterrarte

Te has quedado aquí,

A jugar con los resultados de la historia secreta.

Más allá del canto,

Más allá del sol,

Más allá del cuerpo,

Más allá de ti.

Los líderes de mi mente sólo piensan en continuar,

Tú y yo nos haremos un lugar eterno,

Una luz para presentar de mí los más unidos

Respetos sobre la memoria,

Una referencia de nosotros en un libro,

Un cuesquito,

Un cascarón.

De caminar con los ángeles te hablo vida mía,

De la cometa sin tropas

De las manos sembradas en el cielo,

De ti,

De mí,

De los árboles.

José Hogas

El vuelo de las aves

Aprendí de un rinconcito de tu corazón

Que no se calienta el agua

Al vapor de las locomotoras

Que entran y salen por tu boca,

Como dueñas de casas, quejumbrosas,

Ancianas y curvas.

Aprendí también que está bien,

Una vez al mes

Derrumbar los mitos y hacerse latente,

Omnipotente, desgraciado, cruel, inútil, maldito

Y calentar la tetera,

Para cuando nadie nos escuche,

Calentar también el cuerpo,

Un arma, un ceacheí, un disparo…

Luego te entregas al comedor con las mejores ganas,

Tiras de la fúrcula

Jugando a desvestirse,

Te ríes, lloras, luego te marchas.

Te imagino toda invertida, por todas partes,

Con el mundo al revés,

Y la belleza en tus manos.

Libertaria

Asomados por ahí,

En un rinconcito de concreto,

En la esquina,

Ahí,

Donde nos curamos

Y desvestimos nuestros secretos.

A qué hora llegas y qué haces,

Con quién los besos, los versos, el deseo.

Asomada como niña,

Morena y rubia,

Todos los colores,

Todos los estilos,

Se fueron enredando uno a uno.

Llevas el mismo tatuaje,

La chaqueta de feria,

Bototos asesinos…

El verdadero yo, no lo conozco,

Estuve siempre aquí

Pero es inútil,

Duele,

Y más aún,

Dueles.

José Hogas

¿De qué estamos hechos entonces en el instante?

Tengo la certeza de unos pies

Y de haber caminado,

En la noche como los sonámbulos,

Y en el día como los rectángulos

Pasadizos a la vuelta de la esquina.

Tengo unas horas

Tengo la muerte

Y tu sombra desparramada

Por toda la habitación.

Hay espacio suficiente en este lugar,

Una caja de vino con dos vasos,

Una mecha gigante,

Un incienso,

Un cadáver,

Y una sonrisa que se parece a ti

O a otros lugares

Que conocimos juntos.

Voy silencio tras silencio

Y el dinero.

Voy calle tras calles

Y el dinero.

No nos ha dado tanta razón

Ni para querernos tanto,

Ni para odiarnos tanto.

José Hogas

Los ojos del norte

Vuélvete loco me dijo,

Lloró, escupió, tragó saliva…

Se te va el bus con esa gente

Que tanto amas,

Se te va mi amor, mi cara,

Mi pelo,

Tu amada.

Vete hablando con los ojos

Por la ventanilla del tiempo,

Abrázala,

Y dile que es verdad,

Tú y yo,

No nos comprendimos.

A esa gente dile que es arte

Pero no mires atrás…

Sí, un día los muertos,

Hoy la vida.

José Hogas

El amor ha tocado por fin a mi puerta

Abro y me dice:

Entero ajilao

Taaa tocando hace cualquier rato

Qué waaaaáaa waxo

Te creí estrella, figura, dámooo

Engancha unos piquitos,

Tení cualquier ofri tiiiiiiii

Tu nénítá bíén bélláca te va dar candela

Sí poh, si uno también he ARTISTA

Pá qué voy andar

Vendiéndote la pescá.

Yo la traaajaaa de luser

Pero igual andaaaa terrible e achacaa

Sí poh, si al final

El cucharón es el que manda, el sae.

Yo te ví

Y me gustaste altiro,

Le había contao hace cualquier rato al Beethoven

Y no hallaba como darle el perro.

Decisiones y ruidos de un desconocido

Perdón,

Amé los coros locos de la mañana,

Jamás escuché tu voz.

Me es en mí y por mi consciente

Que todas estas casas paneles rugen como caballeros,

Caen como caballeros,

Se encienden libres de brazas

Y sacuden el polvo.

Perdón,

Sé que debes estar dolida

Jamás escuché tu voz o el aire de la brisa que la
\ embarga,

La hace llama,

Rabia y partida como un zombi,

Rosas rojas, chocolates,

Y quizás cuanto más es el precio de un desconocido.

Perdón,

Mi luz está manchada con caricias que no me
\ pertenecen,

Si no a la risa idiota de los besos perfectos que nos
\ dimos.

Perdón,

Todos estos vigías se acuerdan de ti,

Y secretan todo, o casi nada,

Es como ir y venir de un *mall* recientemente construido
\ por inertes...

Yo me quedo,

El silencio servirá de consuelo en tardes intransigentes

De un vuelo polar,

Ojalá y sea invierno,

Mujer u hombre,

Amante o poesía.

Naturaleza existencial

Creación

Ya es tarde,

Han huido de mí los idiomas.

Sólo quedan restos de la escena,

Botellas vacías,

Cigarros apagados,

Vetas y prohibiciones de acercarme a ella.

El maldito poeta que hay en mí, no está.

No siento nada,

Las luces se han apagado,

Para dormir profundo,

Lejos del autor que atacas en estos momentos

Para co-hacer.

No hay nadie,

Todos se han ido a casa de sus padres

Para responder al nido,

E impresionarte.

Yo no,

Aún estoy lejos…

A un paso de ti

Un ramo de sonrisas,

Una flor acompañada de mis sueños.

Eres tú tan lejos mujer,

Y tu voz es mi acento,

Las palabras el destino prohibido de este amor.

Te siento como un todo que toca la puerta,

Te siento como el mundo voraz y silenciosa.

Un regalo de alas blancas,

Una prisión que alberga mi interior...

Y a veces te detienes como el día,

Y a veces te escapas fugitiva como el sol.

Claroscuro vital

Sigamos remando,

Aun así los monstruos de la oscura tiniebla

Vengan

Y depositen su veneno en el cuerpo…

No les pertenece

Ni la sangre, ni la vida, ni la muerte…

Saldremos como especies a la madrugada,

Habitaremos donde siempre hemos estado,

Contestaremos a nuestras preguntas consientes.

Y si el perdón, no nos ha regalado una mirada,

Tañémosla,

Devolvamos con excesos nuestros sentidos a la piedra.

Hoy derrotaremos con plumeros una nueva puesta de
\ sol,

Hoy tomaremos por las astas el cometido de una
\ palabra,

Palabra,

La voz.

No será con,

Sino, los últimos versos que te regale.

Pasión desencadenada

Estoy tan rodeado de ellos que quisiera no sentir

Su piel dibujada aquí dentro…

Me hiere la tarde y sus contrastes

Que clava lo lejos para callarme.

Lo infinito despierta

Y se encienden los lazos que unirán por fin

Lo pasado,

Lo vivido,

Lo soñado…

No dejes que sangre la rabia contenida,

No permitas que llore mi alma

No contestes con falsas

Y llévate mis pensamientos hacia el cielo.

Pero déjalos caer cuando amanezca,

Déjalos que viajen,

Déjalos que abracen el silencio y su amanecer
\ sombrío…

No,

Por favor,

No detengas ahora lo que ya he perdido.

Mi pareja es una golondrina

Nos fuimos en un viaje espacial

Por el tono de estas palabras…

Partimos en busca de sueños e ilusiones

Como una pareja de golondrinas que

Añora su techo de ramas

Para con tanto amor

Armar su nido.

Cegado por lo que nos une,

Risas, vuelos, meditaciones.

Estoy tan alto que creo que lo único que me falta

Es que me engañe,

Para saber así que esto es real. Pero

La continuidad de nuestro amor

Se hace a ratos cada vez más eterna.

Nos detuvimos

Para encontrar la primera rama,

Es de color verde

Como la primavera… ¡Ja, ja, ja!

-Si solamente fueran colores-

Si hasta aroma desprenden de tus pétalos mi amor.

Despegamos un día tan especial como el sábado,

Para no saber de ti soledad,

De tus invitados,

De tu mesa llena,

De tu bohemia y estrategia

Que a nuestro romance herías

Como a un niño sin su mundo.

Ya no quiero regresar,

Instalaré mis escritos en el espacio,

Para que vivamos juntos

Al lado de Dios

Y lo demás es AMOR.

Ira

La rabia nos pasa a todos porque es estúpida,

Desgraciada, maraca, obscena,

Reveladora...

Paso a darte lirio terrenal,

Compuesta, moribunda,

Tempestad,

Calibre 34.

Preso de no sé qué,

Se pierde en el sostenido de una campana,

Parece que debo reinventarme,

Madrugar lo necesario,

Ir a comprar el pan, unas matrices,

La tabla del cinco,

Un abecedario nuevo.

No ver más televisión,

Sacarme los zapatos, ponerme las chalas,

Despertar,

Despertar,

Despertar,

Conchesumadre,

Debo levantarme…

Por supuesto que iré a la feria,

Por supuesto que plastificaré los documentos,

Por supuesto que contestaré el teléfono,

Por supuesto,

Por supuesto,

Por supuesto…

Pero no saldremos juntos a la esquina,

Yo y mi ira.

Prisa en las venas, un amor como tú

Yo llegaré al pueblo

Y cantarás para mí

Porque soy un adicto,

Un revolucionario,

Un amante de tus cosas locas y líricas.

Yo llegaré hasta abrazarte

Porque mía es la ley

Y me perteneces

En todas sus fosas que arrumbaron los ángeles caídos

De otras épocas,

Yo te abrazaré con dulzor y mañanas bíblicas.

Corazón,

Yo caminaré si es posible al cantor,

Al autor, al pintor, al hermoso,

Al hombre de la agrá,

Al niño,

Y a una gran obra que dejaron los castaños.

Amor,

Yo llegaré al pueblo,

A las destrezas del negocio.

Y destrozarás,

No seré el mismo también en el hogar,

Estoy un poco crecido,

Estoy un poco nervioso,

Por saber quién eres tú en realidad.

José Hogas

Pueblos subterráneos del sur

El pueblo al que regresabas

Cada verano para decidir por ti,

Por la herida,

Va de camino al norte

Donde pan es inevitable,

Donde sal es inevitable

Y caen los pergaminos de la mente

Dando vueltas a la redonda de una fogata.

Duermen pequeños y grandes

Buscando un resultado

Y aún no llegan los del estandarte a dar el agua,

¡Agua fría para los patos que vimos volar!

El pueblo al que has llegado

Es un nudo,

Va de paso por las enredaderas del norte,

Que cuelgan como niños

A la salida de la escuela.

Pero te esperan,

No saben si reír o llorar.

José Hogas

Coloquiales despedidas para un amor conchesumadre

Weón despierta,

Está amaneciendo,

Caxa la hora que es,

Ya puh,

Despierta…

Vay a ir a trabajar o no,

Aló,

Las plantas piden luz,

Las cosechas piden fiestas,

Aló…

A no caxay,

Siempre es la misma cosa,

Te estay acostando con otra acaso,

¿Es eso?

Aló.

Ridículo está amaneciendo.

Oye,

La señora de al lado te va venir a weviar

Porque tus maravillas están afuera,

Aló.

Ya las regó por si acaso.

Ya puh, para con tu weaita,

Aló,

Aló,

Aló…

Mmmmm, como si cacharas,

No calentay a nadie, eso sí.

Ya puh loco,

¡Contesta!

Resignado, mentiroso,

Santiaguino al peo,

Regionalista,

Sensacionalista,

Mal acostumbrado.

Siempre tengo que esperar los veranos,

La primavera,

Los días bonitos.

Esos que tú llamas bonitos a esta altura

Porqué es martes,

Martes en la noche otra vez,

Como si yo fuera la luna,

La humedad,

La boca abierta,

La multiplicidad...

Amor,

Despierta por favor,

Se nos acaba el día.

José Hogas

El teléfono

Mi amor inseguro es una travesía

Que a lo largo de los años encuentra su forma original

En un llamado.

¡¡Hola me dice!!

Soñé que tú me hablabas y yo en tu juego era una
\ entrada,

Una salida,

Una puerta.

Tocabas con *enágenos* dormidos del deseo,

Una forma importante de decir las cosas,

Una manera bastante especial de comunicar

O de intuir que allí estaba yo, desnuda,

Dispuesta y siniestra

Para tus deseos de campana que ascendían

Y desprendían de tus dedos,

Una llamada.

¡¡Mi amor soy yo!! Te dije.

Mientras volteabas tu cabeza sin tiente.

Quieres entrar o salir

Para que veas que no hay nadie.

Calma de una vez tus despojos y tira del mentón

Una caricia,

Un beso de gozo.

Debes estar con nudos... ¡¡Te dije!!

Vamos a dirigir tus noches a noches como estas

En donde tú serás la estrella,

Yo una masa tal vez

Si nos permite estar de frente el universo.

La chica del *chat*

De hallarla tanto

Es que voltea cada vez que inicio,

¡Hola!

Me dice distraída por algún dolor de cabeza.

Recién en el primer vaso,

¿Y tú?

Yo nada,

Pasaba sólo para saludarte.

Me gustaría quedarme,

Y atravesar la muralla juntos,

Pero no puedo,

Voy en un cauce de agua dulce

Donde la corriente es un espejo,

Un apresurado fin semana.

Me gusta. 👍

Carita feliz, 😃

Tierna, 😌

Muchos corazones, 🤍 🤍 🤍 🤍 🤍

Intelectual,

Reflexiva... 😔

Y por qué no vas de paso

Y te embutes unas cuantas aguas

Por el culo del mundo,

Donde políticamente somos una mierda,

Una larga y desnutrida porción de tierra,

Un espejo de los *Yankees*,

Una camioneta,

Un vestido,

Un campeonato,

Una advertencia,

Un imán de pobres y ricos

Esperando libertad...

X:D.

Me dice con cara de globo

La suscitada chica,

Del Facebook.

Mañana nos vemos,

Se me cae a cada rato,

Bye.

Lenguas mojadas

Ojalá se caiga el techo

Y llueva como en el sur,

Un poco de trigo

Y pan amasado a destajo,

Pebre, sopaipillas y mate.

Ojalá

Y todos mis hermanos estén despiertos

Y amanezcan con la mamá

Torrencialmente en una lluvia,

Un cordoncito de zapato siquiera,

Truenos y relámpagos,

Mixto,

Hojitas de durazno,

Toronjil,

Y otras plantas que humedece el invierno.

Río, río,

Fuego,

Lluvia,

Bloqueo en el sur,

Donde nos acordonaron,

Nos golpearon,

Y resucitaron…

Río, río,

Fuego,

Lluvia.

José Hogas

Carta abierta a mi amigo huerto

Entonces, antes que todo acabe,

Tiraré desde una ofrenda que parta de dos en dos

Los ojos ciegos del jefe,

Y su melodía será una olla,

Una olla común donde Juanito meta su dedo

Para tocar la sangre viva del novillo,

La carne púrpura del chancho,

El cogote blandito del pollo…

Entonces, todos juntos nos levantaremos

Con las armas de asesinar

Y cocinaremos a fuego lento una mirada de conciencia,

De seguro habrá pescados,

De seguro habrá políticos,

De seguro habrán estados…

Til Til se levantará como pueblo,

Yumbel se levantará como pueblo

Y caminaremos limpios hacia todas partes,

Donde la paz sea un lienzo gigante que diga

Mar,

Cobre,

Litio,

Pobres muertos de hambre nunca más.

José Hogas

No controlarán nuestras mentes

Comprendimos ser nosotros

La calaña del futuro,

Ataúdes negros y rojos desplomándose,

Delinquiéndose,

Mirándose a los ojos brilla-mente lastimados.

Comprendimos ser la herencia

De la calle fría

Donde compran pasta los desaparecidos

Hijos de la tierra.

Comprendimos ser errantes y atrincherados,

Comprendíamos y bastábamos…

Una selva de cemento,

Calles mal intencionadas,

Tranquilizadores puerta a puerta,

Testigo,

Fusilamiento,

Tortura,

Tortura,

Tortura…

Pero hoy, día de las inflexiones,

Le di frambuesas a la poesía,

Corté los hilos,

Canté,

Viví sección y elocuencias

Por una bandera.

José Hogas

Escribiré

Escribiré como lo hacen los enamorados

Que pasean por el Parque O'Higgins

De la mano,

Desmenuzando cada recuerdo como besos

Al final o intermedio

De una conversación que //proviene//

De entre lenguas

Que alguna vez fueron cristales

U hojas

De una estación que despide al verano.

Escribiré los versos más antiguos

De un poeta

Que el mundo recuerda como loco,

Como pan

O mondadientes de un buen fin de semana.

Le escribiré también al amor,

A la adicción,

A tu piececito dormido.

A las ganas de volver a verte,

A tu olor,

A unas maletas con libros de esperanza.

Escribiré

Y si es posible

Nuevamente

Escribiré.

José Hogas

Sale el sol en todas sus posibilidades...

¿Qué tan de-cierto es el amor?

Amor,

Vuelvo al origen de las cartas

Para emprender un viaje casero,

Beber de tu vino

Y alimentarme de la carne

Como lo hacen los carnívoros.

Voy a marcharme de aquí

En un bote casero,

En un trozo de papel doblado a la perfección

Con remos de esperanza.

Amor,

Navegaré cada metro cúbico

Del agua transparente

Que beber no quiero,

Salgo a las seis de la mañana…

Llevo libros de poesía,

Y semillas nuevas para la huerta,

Un poco de café,

Y un disco de trova que enganché

Para la pena.

Nada ha cambiado en esta ciudad,

Los ricos son más ricos,

Los pobres son más pobres,

Y yo

Sigo escribiendo para el sol

Una parte ecuestre

De nuestros sueños…

Llego mañana si Dios quiere,

No bajes los brazos,

El sol ha salido en todas sus posibilidades…

Si sabes del día, sabes de la noche...

Reencuentros

Empieza a llover,

La pieza es un triturador de carne

Que falta los domingos sobre trabajados.

Sigue lloviendo

Y el humo de las cocinas a leñas

Que del pan,

Mañana o pasado,

En un angustiado momento

Morderé.

Morderé porque tus ojos chocan con los míos

Y sucesivamente

En un libro,

La lluvia me despierta…

Y aunque los ojos están cerrados,

Por dentro

La casa es un manantial,

Una vereda que emana,

Una cerca a la distancia,

Un pedacito de tierra,

Nada.

Pero volverá a llover de seguro…

Y entonces las horas

No tendrán segundos,

Los adoquines no existirán,

La memoria será sesgada,

Y tú,

Y yo,

Volveremos a encontrarnos

Aunque nos duela.

José Hogas

El parto

Alguna vez tu boca silbaba remolinos en mi cuerpo;

Hacías de mí

Pedazos de cartas, hojas sueltas en ascendente

Hasta quedarte muda.

Todo de mí

Fue un cuaderno,

Todo de mí

Fue un acto de devolución

Que venció al silencio.

Silencio,

Estoy en un estado musical, hipnótico,

Verbal, ta-tartamudo.

Empiezo a descifrar la escena

Donde nos quedamos juntos

Sin ver la unión de dos personas que se aman

Y salen a buscar la paz,

Afuera,

Donde pedimos permiso para entrar

Y no estar nunca más solos,

Como niños desamparados

O como versos que se fugan

Y contestan

Para hablar de dos o más personas,

Como tú.

Te he visto por cierto

Como se ven los astros,

Te he visto desde el umbral racimo

De todos los hombres y cada mujer

Con sus hijos.

José Hogas

Nada ha de cambiar el giro de los universos

Mucho poeta con flores en las manos intentando estilar
\ lo inconfundible,

Lo nefasto, lo sin sentido.

Han oído de la palabra, han confundido el tono,

Pero el tono,

Parte por parte de la malformación

Es un conjunto de estrofas que nacen al unísono de sus
\ precarias.

Yo la vi atenta de prensas blancas y amarillas,

Yo la oí cantar, saltar y abanderarse.

Pero como todo está revuelto,

Y ahora más que nunca sus pasos, la imaginación
            \ escénica, su definición pre escrita,

Una carta, un beso, un pergamino.

Nada ha de cambiar el giro de los universos.

Aunque esta,

A veces duela.

Cuando no me ves

Cómo no voy acordarme de ti

Si en dos hola, oculto el primero para saludarte a ti

Que estas a punto de no ser

Y crees que yo me olvido.

Es el primer deseo y mago con el tiempo un eco
\ redondo

A dos mitades

Que en el fruto podrían ser también un corazón,

Un complemento.

Pero es cierto que a los árboles

No pertenecen ni las hojas ni las ramas que las
\ habitaron

Y es por eso que yo pienso en ti

De manera roja, profunda, circunstancial,

Para que te den mis saludos los pájaros

Que yo con besos escribí.

José Hogas

Adiós al amor de mi vida

Contrapoder, contrasentido, comunión, paz, yo te voy
\ a ver, tú me vas a ver…

Y nos fumamos unos cigarros,

Y la vieja nos sirvió el mate, y tomamos mate, y
\ comimos hierbas, y fumamos hierbas, y nos volamos,
\ y nos cagamos e' la risa, y nos sacamos la madre, y
\ nos sacamos la ropa, y bailamos, y conversamos, y
\ encendemos unos pitos, y apagamos otro cigarro, y
\ bajamos la tela, y apagamos la tele, y apagamos la
\ luz, y la luz se enredó en una pelusa de plumas

Y webió, y webió, y webió,

¡Hasta que pidió otro copete!

BIS, //Repítase por favor en son de amor y más bajo//

Sacó la cajetilla, y le brillaron los ojitos, y sonrió, y dijo
\ que bueno,

Y dijo te quiero, y pudo entre verde la esperanza

Unos suspiros,

Y caminó,

Y con Plumavit en la mirada

Dijo perdón, te quiero,

Cubrióse de una forma extraña, excepcional, la boca,

Y caminó, y se quejó a veces del tiempo,

Y despejó la mirada hacia los árboles.

Iríase entonces

A una campana, a un silbido, a un retorno que la
\ escuche gritar.

Abandonó de pronto unas manos,

Y decíase adiós entre las golondrinas del cielo.

José Hogas

A la Musa

Pido disculpas a la poesía

Por ausencias y estadísticas perjudiciales,

No quise aterrizar, ni cambiar de nombre, ni ausentar a
\ la musa.

Sólo pido disculpas por no saberme abstracto,
\ subjetivo,

O espiritual,

Ante el pequeño mundo de los actos.

Voy de pronto *ad portas* de no saber quién soy,

Pero regresaré

Para cuando todos te hayan olvidado.

Biografía del autor

"Pero el pueblo está también callado y duermen los almacenes"
(Vespertino, 2014)

José Ángel Hogas Novoa, es hijo de padres separados, Margot Novoa, dueña de casa, y José Hogas, de oficio feriante.

Nace en Estación Yumbel, comuna de Yumbel, 8ª Región del Bio-bio. Chile, siendo el tercero de cuatro hermanos: Jorge, Víctor y Ximena.

Su infancia está marcada por un constante cambio de casas, hasta que encuentra paradero permanente por largos años en el *recinto estación de ferrocarriles*, donde crece junto a su madre y su hermana. Allí aprende -*a orillas de la línea férrea*- la convivencia rodeado de amigos, a colgarse de los trenes que van al norte.

A los 14 años de edad, vive la llegada de su hermano Víctor -26 años-, desde Santiago, quien llega enfermo, terminal. Hermano que un año más tarde vería morir, y quien marca gran parte de su obra poética.

Sus primeros pasos en la poesía comienzan a los quince años de edad con un libro de carácter artesanal y escrito a mano, llamado *Llangkon Rayen* (flores marchitas), libro que llevaría a José Ángel a encontrarse con los primeros versos de una parte sentimental profunda, que comparte en veinte ejemplares entre sus amigos.

Varios intentos de homicidio contra su propia vida, lo llevan a escribir un segundo libro de carácter artesanal llamado *Sueños Vivos*, donde despierta la inquietud de enamorarse y enmendar un mejor camino. Es en ese caminar, donde conoce a Yissela Vázquez, su gran amor de juventud, quien lo calma de las heridas del pasado y de la desorientación continua del poeta. Trabaja, pero ningún trabajo le acomoda, la pobreza es el mejor aliado para escribir y criticar a la sociedad que todo lo puede "con ayuda de una familia bien constituida".

Motivado por la falta de oportunidades que existe en el pueblo, José Ángel Hogas Novoa, toma la decisión de partir a Santiago, para abrirse paso en la literatura. Escribe desde allí, su tercer libro artesanal llamado *Veinte Comas para un Asiduo Verdadero*, libro que consta de veinte poemas, donde grita su amor desde lejos, a su pueblo que lo cree loco.

En el año 2009, José Hogas, entra a la escuela de educación Superior Los Leones a estudiar Psicopedagogía, donde es invitado a participar del primer Concurso Poético Interescolar, en el cual obtiene el 2° lugar con el poema *"La espera"*.

El 2011, motivado por los movimientos sociales de la época, escribe su cuarto libro artesanal titulado *Imágenes Vacías*, libro que le permite recorrer los distintos espacios literarios donde se reúne la poesía: cafés literarios, bares, universidades, eventos comunitarios, carnavales, radios y canales de televisión *on-line*.

Participa en la carátula del disco *"Melón con vino Rodríguez"* de Paine, con un poema que identifica la raíz folclórica del grupo.

El 2012, participa como embajador del evento *"Chile país de poetas 2012"*.

En los años 2013 y 2014 es invitado a participar por el editor Juan Carlos Barroux de la Editorial Segismundo, en la colección *Poetisos al sur del Mundo*, donde consagra su obra poética con un libro recopilatorio llamado *Un Pueblo fuera del Mapa*, lo que denomina su primera gran obra.

Diciembre del 2014, regresa al pueblo de Estación Yumbel para terminar la segunda y presente edición de *Un Pueblo fuera del Mapa*, y hacer trabajo comunitario con los que más ama, la gente del pueblo.

En el año 2016 José Hogas Novoa, se integra a ferrocarriles como Ayudante de Maquinista, consagrando su carrera ferroviaria en el año 2021 donde asume el cargo de Maquinista de tren.

Junto a Gastón Gómez, profesor, cantautor, Magister en Literatura Chilena y latinoamericana y Antonio Baeza, psicólogo, músico y Magister en Literatura Chilena y Latinoamericana, forman el Movimiento Editorial Bestia, donde lanza en el año 2024 su segundo libro recopilatorio titulado *"La peor estación del mundo"* por Editorial Bestia.

A fines del 2025 la Editorial Segismundo publica una nueva edición del poemario *"La peor estación del mundo"*.

Parte singular de su obra en esta época son intervenciones artísticas -en lo visual y musical- desde donde se gesta un nuevo sello llamado *"Electropoesía"* donde conjuga sintetizadores y poemas, desde las cuales se gesta un movimiento cultural cuyo sello siguen siendo *El Pueblo-La estación*: *Vespertino, Contingencia de Poder, Dos locos Infértiles, La peor estación del mundo,* entre otros, son piezas imperdibles de este repertorio. Al alero de los rieles, acústicos, fotografías y grabaciones pasan a ser parte protagónica de una lectura *ad hoc* de su obra.

Tabla de materias

Colofón

Liber hic mechanice impressus, nescimus ubi vel quando, a robot *aliquo impresso postulato dicato. Unde impossibile est nobis significare quot codices moderni producti sint, vel quot in futuro producti sint. Speramus* Bond *album* 90 *chartam et operculum* cardboard *coloratum polylaminatum adhibitum esse, cum ligamine rustico per* hotmelt. *Saltem certi sumus* Book Antigua *typographic fontem usos esse, variis magnitudinibus et variantibus, pro plerisque interioribus eius.*

ꟓ

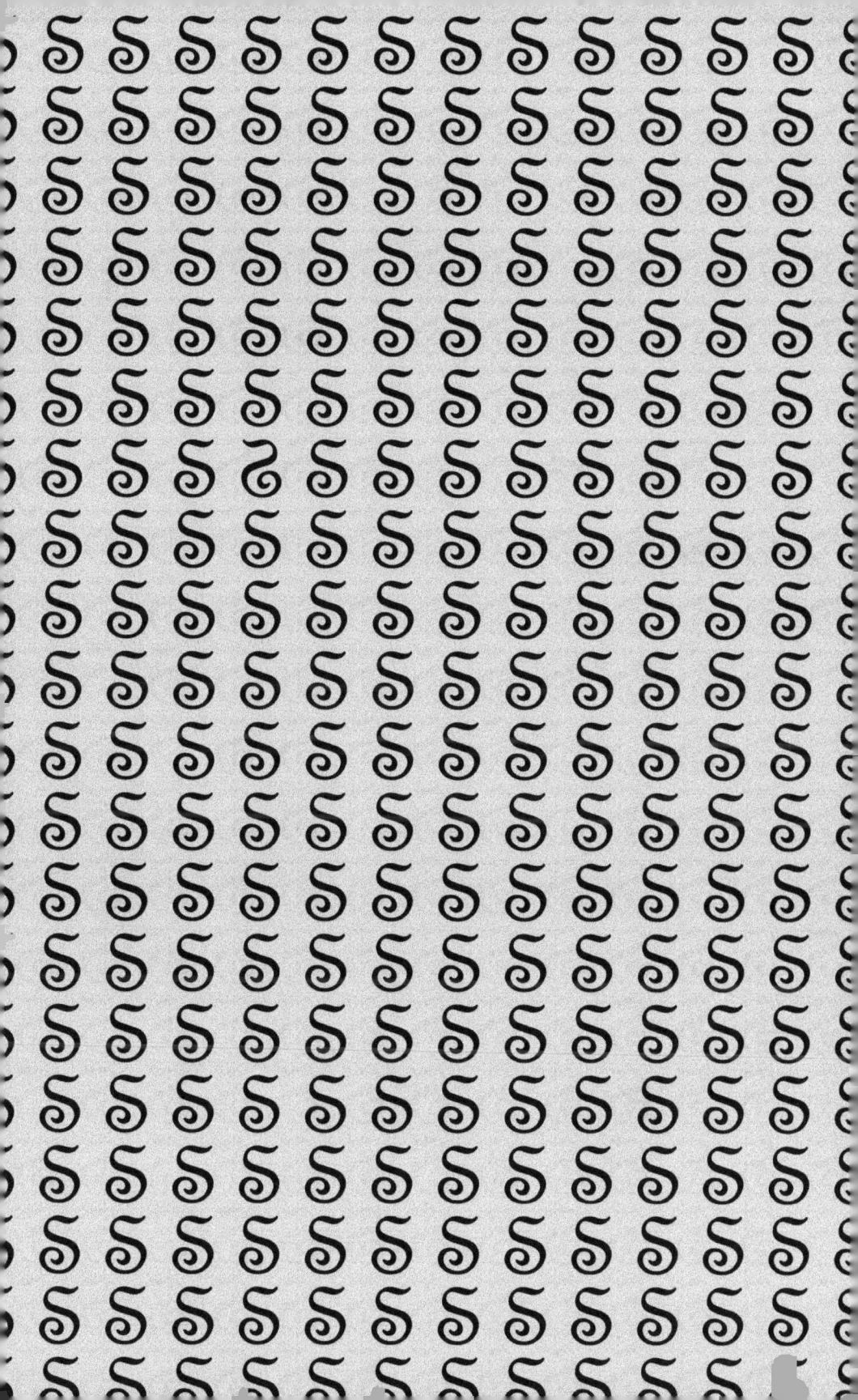

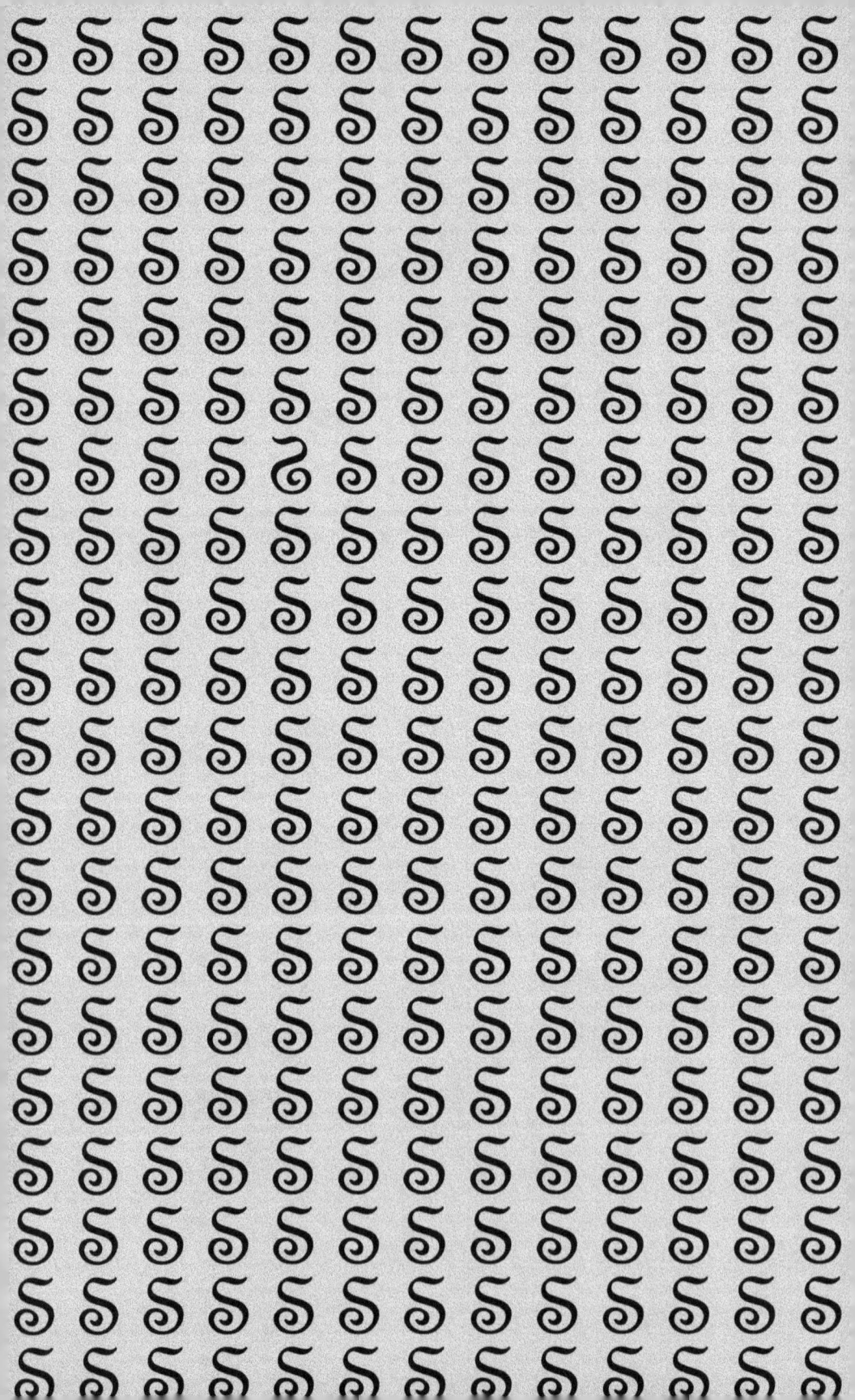